Susanne Peter • Barbara Bedrischka-Bös

Wie Gott die Welt erschaffen hat

echter

1. Tag

Am Anfang gab es noch keinen Himmel und keine Erde, aber Gott war da.
Er beschloss, die Welt zu erschaffen.
Auf der Erde herrschte zuerst Dunkelheit. Keine Sonne und kein Mond spendeten Licht.
Das gefiel Gott nicht. Er stellte sich eine helle und bunte Welt vor, in der sich Menschen
und Tiere wohl fühlen. So überlegte er sich, wie alles aussehen könnte und rief:
„Es werde Licht!"
Da wurde es hell, als ob eine Lampe angeht und Gott nannte das Licht Tag
und die Dunkelheit Nacht.
So ging der erste Tag der Schöpfung zu Ende und Gott war zufrieden mit seinem Werk.

Gott hat das Licht in die Welt gebracht.
Es macht unser Leben hell und froh.

2. Tag

Nun gab es zwar Licht, aber noch war überall Wasser. Oben und unten,
wohin man auch schaute.
Darum sprach Gott: „Es erscheine ein Himmel über der Erde!"
Und so geschah es auch.
Der Himmel trennte das Wasser auf der Erde von dem in den Wolken.
Manchmal war er grau, meistens aber strahlend blau.
So ging der zweite Tag zu Ende und Gott sah, dass alles gut gelungen war.

*Wenn du großen Durst hast, merkst du erst, wie wertvoll Wasser ist
und wie gut es schmeckt.
Mit dem Wasser hat Gott der Erde Leben geschenkt.*

3. Tag

Aber noch immer konnte man von der Erde nichts erkennen.
Denn sie war ganz von Wasser bedeckt. Das gefiel Gott überhaupt nicht.
Deshalb sammelte er das Wasser in Meeren und Seen, Flüssen und Bächen.
Das Land trocknete und es wuchsen Bäume und Sträucher, Blumen und Gräser darauf.
Die Erde wurde grün und bunt und war schön anzusehen.
So ging der dritte Tag zu Ende und Gott war glücklich über sein Werk.

Pflanzen spenden nicht nur Tier und Mensch Nahrung,
sondern auch unserer Welt die Farben.
Schau dir einmal eine Blüte an, wie kunstvoll sie gestaltet ist!

4. Tag

Gott fuhr fort mit seinem Plan und ließ am Himmel zwei große Lichter entstehen.
Am Tag leuchtete die Sonne, die Nacht wurde vom Mond und vielen kleinen Lichtern,
den Sternen, erhellt.
Nun gab es auch Sommer und Winter. Mal regnete oder schneite es und dann schien
wieder die Sonne. Die Pflanzen wuchsen prächtig und breiteten sich
über die ganze Erde aus.
So ging der vierte Tag zu Ende und Gott freute sich über Sonne und Mond.

Am Himmel siehst du nicht nur Sonne und Mond, sondern auch viele Sterne -
so weit das Auge reicht …
Wie mächtig muss Gott sein!

5. Tag

Die Erde war wirklich schön geworden. Aber noch hörte man nur
das Rauschen des Windes in den Blättern und das Plätschern des Meeres
und sonst nichts. Es fehlten die Tiere …
Zuerst dachte sich Gott diejenigen für das Wasser und für die Luft aus.
Bald tummelten sich verschiedene Fische, Krebse und Muscheln in den
Gewässern und am Himmel zogen der große Adler und der kleine Sperling
und viele andere Vögel mehr ihre Bahn.
So ging der fünfte Tag zu Ende und Gott hatte seine Freude
an den vielen Tieren.

*Auch die Tiere sind von Gott. Wir sollten sie, wie die ganze
Schöpfung, achten und schützen.*

6. Tag

Nach Gottes Willen sollten auch auf dem Land Tiere leben: wilde Eisbären und Löwen, scheue Hasen und Rehe, flinke Schlangen und Echsen und winzige Ameisen und Käfer. Nun war alles da, was die Menschen zum Leben brauchten. Und Gott konnte als Letztes einen Mann und eine Frau machen, die ihm ähnlich waren. Er schenkte ihnen die Sprache, damit sie sowohl untereinander als auch mit ihm sprechen konnten. Dann sagte er zu ihnen: „Ihr sollt Kinder bekommen und alles erhalten, was ich geschaffen habe. Ich möchte, dass ihr glücklich werdet."

So ging der sechste Tag zu Ende. Es war alles so geworden, wie Gott es sich vorgestellt hatte.

Gott hat uns ihm ähnlich gemacht. Das heißt, wir sollen wie er die anderen Menschen lieben und gut zueinander sein.

7. Tag

Am letzten Tag betrachtete Gott sein Werk, denn die Erde war nun fertig. Er war froh, dass sie bunt und lebendig geworden war – mit den Bäumen und Blumen, den Tieren und den Menschen, die er ganz besonders liebte.
Jetzt konnte er sich endlich etwas ausruhen …
Nach Gottes Willen sollten die Menschen ebenfalls einen Tag haben, an dem sie Zeit füreinander finden und auch an ihn denken. Deshalb gab er diesem siebten Tag seinen Segen und bestimmte ihn für die Ruhe. Wir nennen ihn Sonntag.
So hat Gott Himmel und Erde erschaffen.

Auch wir Menschen müssen uns am Sonntag ausruhen, um wieder neue Kräfte zu gewinnen.

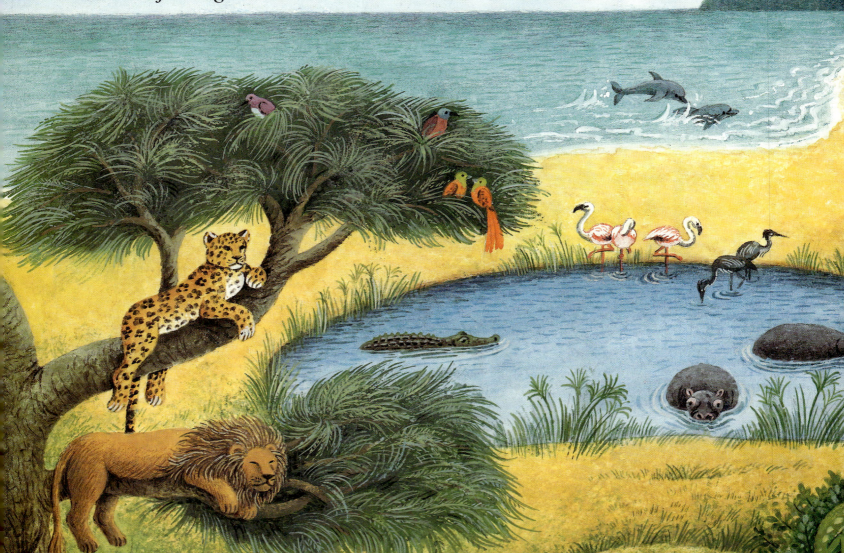

Der Text dieses Buches entspricht den
Richtlinien der neuen Rechtschreibung.

Bibliografische Information Der Deutschen Bibliothek
Die Deutsche Bibliothek verzeichnet diese Publikation in der Deutschen
Nationalbibliografie; detaillierte bibliografische Daten sind im Internet über
http://dnb.ddb.de abrufbar.

© 2003 Echter Verlag Würzburg
Gesamtherstellung: Druckerei Theiss GmbH, A-9431 St. Stefan
  ISBN 3-429-02418-8